# DIE WILDE LERNBANDE

# RECHNEN VON 1 BIS 100

**NFV**

# Bis 100 rechnen ist gar nicht schwer!

Auf den folgenden Seiten zeigen wir dir, wie du im Zahlenraum bis 100 addierst und subtrahierst. Dafür solltest du schon wissen, was addieren (Zahlen zusammenzählen) und subtrahieren (Zahlen voneinander abziehen) bedeutet. Außerdem solltest du gelernt haben, im Zahlenraum bis 20 zu rechnen.

Schau dir zuerst den Rechenschieber auf der Seite gegenüber an. Er hat 100 Kugeln, sodass du damit ganz einfach bis 100 rechnen kannst. Gehe dann Seite für Seite durch und löse die Aufgaben.

> Weißt du, was ein Abakus ist? Damit kann man prima bis 100 rechnen.

Dabei kannst du immer wieder den Rechenschieber zur Hilfe nehmen. Addieren und Subtrahieren macht mit unseren Aufgaben richtig Spaß! Und die richtigen Lösungen findest du hinten in diesem Heft.

# Der Rechenschieber

Hier siehst du einen Rechenschieber, auch Abakus genannt. Er besteht aus 10 Reihen mit jeweils 10 Kugeln. Die Kugeln lassen sich hin- und herschieben.

Wenn du einen Rechenschieber hast, ist es ganz einfach, das Rechnen bis 100 zu lernen. Du kannst in mehreren Reihen die jeweilige Anzahl Kugeln untereinander schieben und sie dann zusammenzählen.

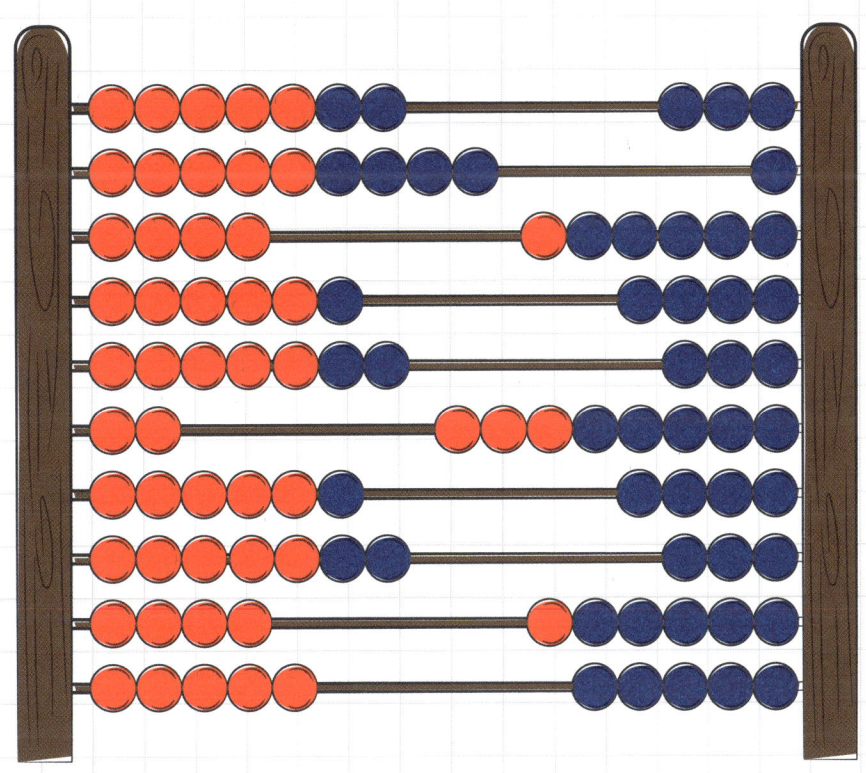

# Rechnen mit Zehnerzahlen

Mit Zehnerzahlen zu rechnen, ist so einfach wie mit Einerzahlen: Du zählst die Zehner zusammen und hängst dann eine 0 an.
Ein Beispiel: Die Aufgabe heißt: 30 + 20.
Du rechnest also: 3 Zehner + 2 Zehner = 5 Zehner. 5 Zehner sind 50.

 Übung 1: Löse nun die Aufgaben.

1 5 0 + 3 0 = ____

2 4 0 - 2 0 = ____

3 7 0 + 1 0 = ____

4 3 0 - 2 0 = ____

5 1 0 + 6 0 = ____

6 5 0 - 3 0 = ____

7 3 0 + 7 0 = ____

8 3 0 - 1 0 = ____

9 6 0 + 4 0 = ____

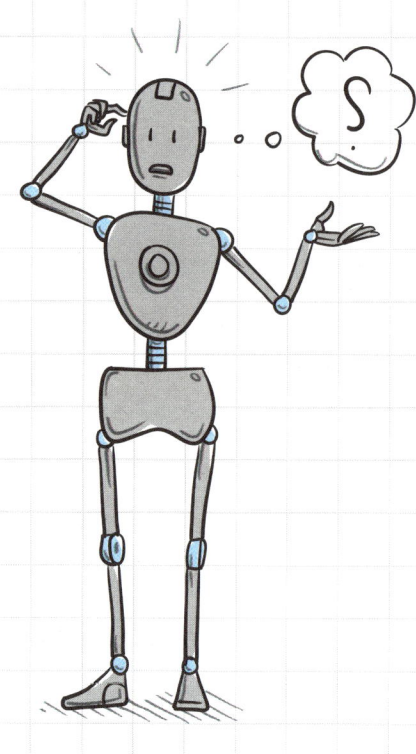

# Zehner und Einer

Zahlen wie zum Beispiel 36 lassen sich in Zehner
und Einer aufteilen: 3 = Zehner, 6 = Einer.
Obwohl die Zehner zuerst geschrieben werden,
spricht man zuerst die Einer, also: sechsunddreißig.

 Übung 2: Zähle die Äpfel und schreibe die
Zehner und Einer wie im folgenden Beispiel
gezeigt auf:

| Z | E |
|---|---|
| 1 | 2 |

__12__    **Beispiel**

__10 + 2__ = __12__

**1**

| Z | E |
|---|---|
|   |   |

_____

_____ = ____

**2**

| Z | E |
|---|---|
|   |   |

_____

_____ = ____

# Hunderter-Tafel

In der Tafel stehen die Zahlen von 1 bis 100 in 10 Reihen mit je 10 Feldern. Wenn du von oben nach unten liest, erhöht sich der Zehner immer um 1 und der Einer bleibt gleich. Wenn du von links nach rechts liest, erhöht sich der Einer immer um 1 und der Zehner bleibt gleich.

| 1 | 2 | 3 | 4 | 5 | 6 | 7 | 8 | 9 | 10 |
|---|---|---|---|---|---|---|---|---|---|
| 11 | 12 | 13 | 14 | 15 | 16 | 17 | 18 | 19 | 20 |
| 21 | 22 | 23 | 24 | 25 | 26 | 27 | 28 | 29 | 30 |
| 31 | 32 | 33 | 34 | 35 | 36 | 37 | 38 | 39 | 40 |
| 41 | 42 | 43 | 44 | 45 | 46 | 47 | 48 | 49 | 50 |
| 51 | 52 | 53 | 54 | 55 | 56 | 57 | 58 | 59 | 60 |
| 61 | 62 | 63 | 64 | 65 | 66 | 67 | 68 | 69 | 70 |
| 71 | 72 | 73 | 74 | 75 | 76 | 77 | 78 | 79 | 80 |
| 81 | 82 | 83 | 84 | 85 | 86 | 87 | 88 | 89 | 90 |
| 91 | 92 | 93 | 94 | 95 | 96 | 97 | 98 | 99 | 100 |

# Zahlen aufschreiben

 Übung 3: Schreibe die passenden Zahlen daneben.

1. zweiundzwanzig = _____

2. siebenundneunzig = _____

3. fünfundzwanzig = _____

4. achtzehn = _____

5. dreiunddreißig = _____

6. vierundneunzig = _____

7. elf = _____

8. sechsunddreißig = _____

9. fünfundachtzig = _____

10. vierundzwanzig = _____

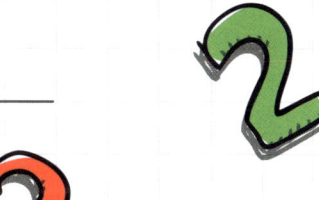

# Ergänzen im Zahlenraum 100

Übung 4: Schau dir die Hunderter-Tafel auf Seite 6 genau an. Ergänze dann hier die fehlenden Zahlen.

| | 2 | | | 6 | | 8 | | |
|---|---|---|---|---|---|---|---|---|
| | | 13 | 15 | | | | | |
| | | | | | 28 | | | |
| | 32 | | 35 | | | | | 40 |
| 41 | | | | 46 | | | 49 | |
| | | 53 | | | 57 | | | |
| 61 | | | | | | 68 | | |
| | 72 | | | 76 | | | | 80 |
| | | 84 | | | | | | |
| | | 93 | | | 97 | | 99 | 100 |

# Nachbarzahlen

Die Zahlen links und rechts neben einer Zahl sind die Nachbarzahlen. Links steht der Vorgänger, den du erhältst, wenn du −1 rechnest. Rechts steht der Nachfolger, den du erhältst, wenn du +1 rechnest.

✏️ Übung 5: Schreibe die Nachbarzahlen für folgende Zahlen auf:

**1** | | 30 | |

**6** | | 82 | |

**2** | | 54 | |

**7** | | 35 | |

**3** | | 46 | |

**8** | | 27 | |

**4** | | 91 | |

**9** | | 63 | |

**5** | | 18 | |

**10** | | 74 | |

# Zahlenstrahl

Auf einem Zahlenstrahl liegen die Zahlen von
1 bis 100 in einer Reihe. Sie werden von links
nach rechts immer größer.

 **Übung 6:** Hier siehst du einen Zahlenstrahl,
auf dem nur die Zehner eingetragen sind.
Ergänze die fehlenden Zahlen:

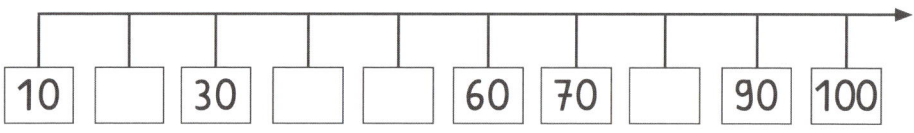

| 10 | | 30 | | | 60 | 70 | | 90 | 100 |

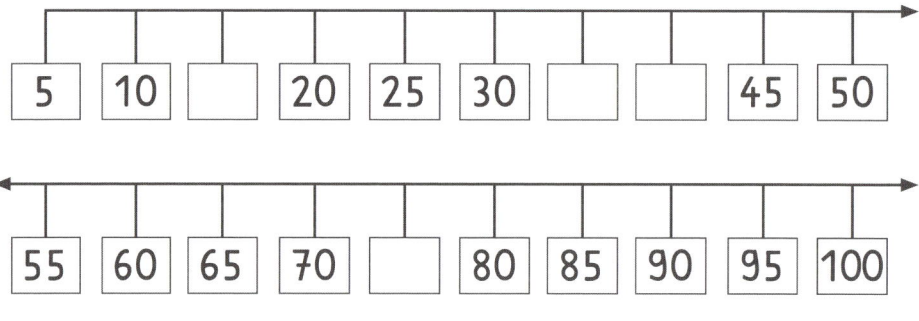 **Übung 7:** Ergänze die fehlenden Zahlen auf
diesem Zahlenstrahl:

| 5 | 10 | | 20 | 25 | 30 | | | 45 | 50 |

| 55 | 60 | 65 | 70 | | 80 | 85 | 90 | 95 | 100 |

# Vom Zahlenstrahl ablesen

✏️ **Übung 8:** Beim Obst- und Gemüsehändler kannst du viele Sorten Obst und Gemüse kaufen. Lies auf dem Zahlenstrahl ab, wie viele von jeder Sorte vorrätig sind. Trage die Zahlen unten ein.

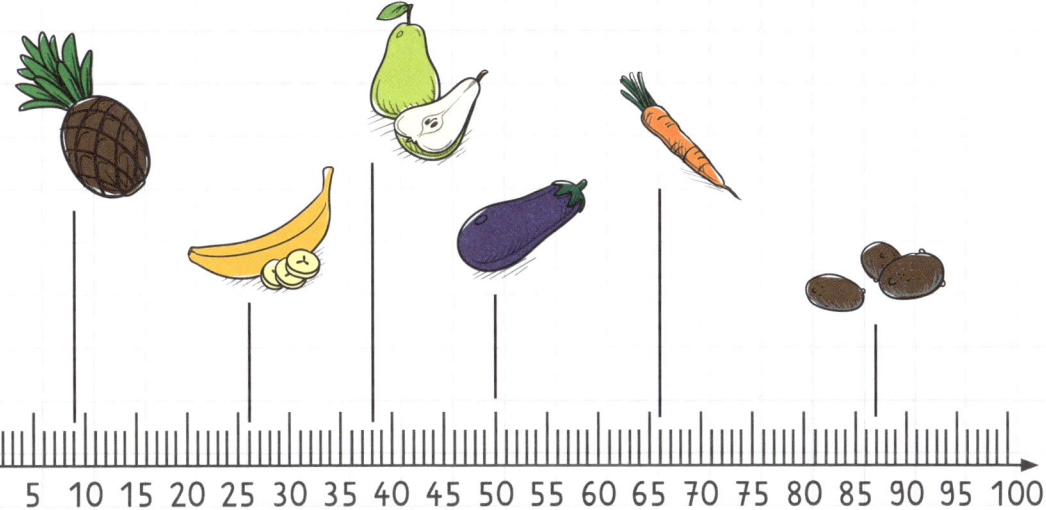

# Addieren ohne Zehnerüberschreitung

Wenn das Ergebnis beim Addieren den folgenden Zehner nicht überschreitet, dann nennt man das eine Addition ohne Zehnerüberschreitung. Ein Beispiel: 12 + 6 = 18. Der folgende Zehner ist 20 und wird bei dieser Rechnung nicht überschritten.

 Übung 9: Löse die folgenden Aufgaben:

**1** 5 0 + 3 =_____

**2** 7 0 + 9 =_____

**3** 2 0 + 5 =_____

**4** 3 0 + 7 =_____

**5** 1 6 + 4 =_____

**6** 1 5 + 5 =_____

**7** 1 1 + 8 =_____

**8** 2 7 + 3 =_____

**9** 4 5 + 2 =_____

**10** 3 2 + 4 =_____

**11** 8 0 + 1 =_____

**12** 4 0 + 4 =_____

**13** 7 8 + 2 =_____

**14** 1 3 + 7 =_____

# Subtrahieren ohne Zehnerüberschreitung

Wenn das Ergebnis beim Subtrahieren den davor-
liegenden Zehner nicht überschreitet, dann nennt
man das eine Subtraktion ohne Zehnerüberschreitung.
Ein Beispiel: 55 – 3 = 52. Der davorliegende
Zehner ist 50 und wird bei dieser Rechnung nicht
überschritten.

Übung 10: Löse die folgenden Aufgaben:

1 18 – 5 =_____

8 72 – 1 =_____

2 31 – 1 =_____

9 29 – 7 =_____

3 88 – 8 =_____

10 45 – 3 =_____

4 79 – 4 =_____

11 89 – 5 =_____

5 22 – 2 =_____

12 44 – 4 =_____

6 35 – 5 =_____

13 99 – 4 =_____

7 46 – 2 =_____

14 55 – 4 =_____

# Der Rechenstrich

Der Rechenstrich ähnelt dem Zahlenstrahl. Er wird aber immer nur für einen bestimmten Zahlenbereich oder für eine bestimmte Aufgabe benutzt.

Übung 11: Zeichne die Zahl, die genau in der Mitte liegt, ein:

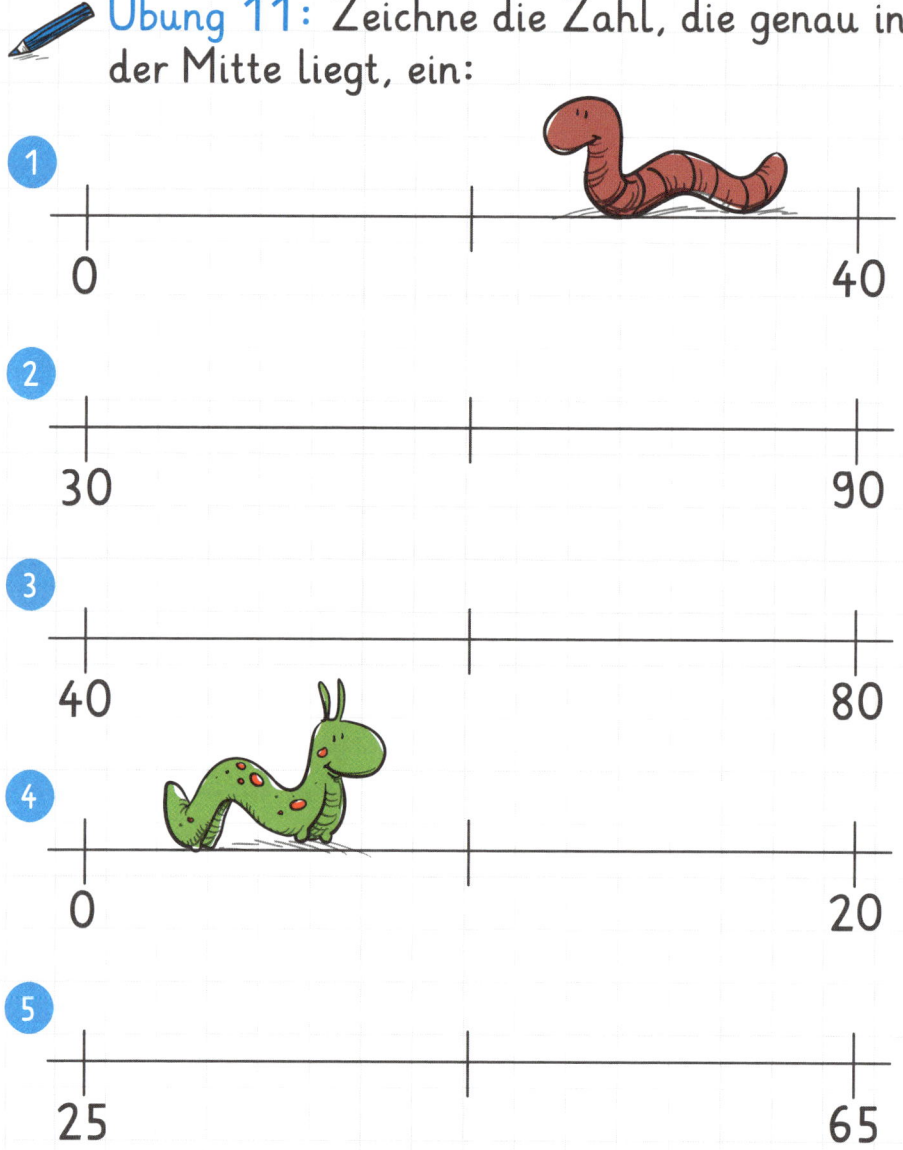

**1**

0            40

**2**

30           90

**3**

40           80

**4**

0           20

**5**

25           65

# Rechnen am Rechenstrich

Bei Aufgaben mit Zehnerüberschreitung kannst du dir helfen, indem du sie am Rechenstrich darstellst. <mark>Ein Beispiel:</mark> Wenn du $7 + 8$ ausrechnen willst, kannst du das am Rechenstrich so darstellen:

Du zählst immer bis zum nächsten Zehner und schreibst die Einer, die dann noch fehlen, dazu.

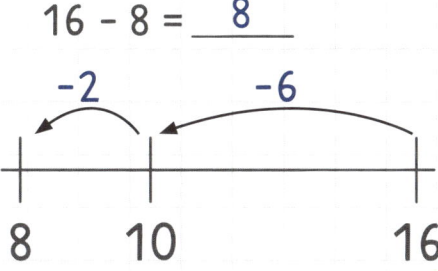

$7 + 8 = \underline{\ 15\ }$

Bei Minusaufgaben machst du es genauso, aber dann fängst du von hinten an wie in unserem Beispiel:

$16 - 8 = \underline{\ 8\ }$

 Übung 12: Löse die folgenden Aufgaben am Rechenstrich:

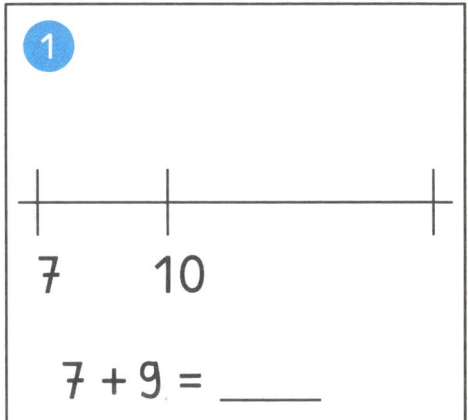

1

$7 + 9 = \underline{\qquad}$

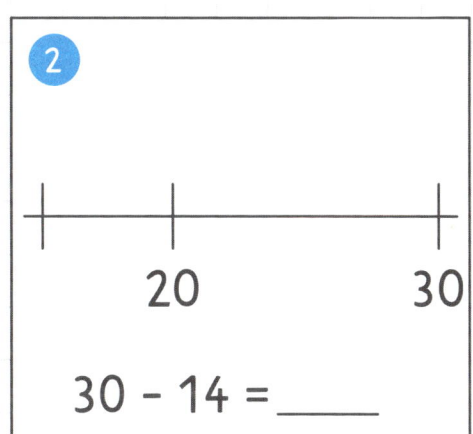

2

$30 - 14 = \underline{\qquad}$

# Addieren mit Zehnerüberschreitung

Du hast auf Seite 15 gesehen, wie du Aufgaben mit Zehnerüberschreitung am Rechenstrich zeichnerisch lösen kannst. Jetzt lernst du, wie du sie schriftlich in zwei Schritten löst.

Ein Beispiel: Um die Aufgabe 26 + 5 = zu lösen, rechnest du:

$$26 + 4 = 30$$
$$30 + 1 = 31$$

Du füllst also im 1. Schritt die Zahl bis zum nächsten Zehner auf (+ 4) und rechnest die fehlenden Einer (+ 1) im 2. Schritt dazu.

 Übung 13: Schreibe die Lösung in 2 Schritten darunter:

**①** 4 3 + 9 = _____

_____

_____

**④** 8 5 + 7 = _____

_____

_____

**②** 2 6 + 6 = _____

_____

_____

**⑤** 3 3 + 8 = _____

_____

_____

**③** 5 4 + 8 = _____

_____

_____

**⑥** 7 2 + 9 = _____

_____

_____

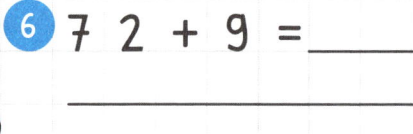

# Subtrahieren mit Zehnerüberschreitung

Beim Subtrahieren gehst du genauso vor wie beim Addieren.

Ein Beispiel: Um die Aufgabe $26 - 8 =$
zu lösen, rechnest du:

$$26 - 6 = 20$$
$$20 - 2 = 18$$

Du nimmst also im 1. Schritt die Einer bis zum Zehner weg $(- 6)$ und ziehst die restlichen Einer $(- 2)$ im 2. Schritt ab.

 Übung 14: Schreibe die Lösung in 2 Schritten darunter:

① $6\ 3 - 9 = $ ____
____
____

④ $7\ 3 - 5 = $ ____
____
____

② $2\ 4 - 6 = $ ____
____
____

⑤ $5\ 6 - 8 = $ ____
____
____

③ $3\ 5 - 7 = $ ____
____
____

⑥ $4\ 8 - 9 = $ ____
____
____

# Sachrechnen

 Übung 15: Löse die folgenden Aufgaben:

**1** Die Klassen 2a und 2b haben gemeinsam
Sportunterricht. Von den 42 Kindern der
beiden Klassen sind 6 Kinder krank. Wie viele
Kinder nehmen am Sportunterricht teil?
Schreibe die Rechenschritte auf.

Rechnung: _____

_____

_____

**2** Beim Völkerball spielen heute die Mädchen
gegen die Jungs. In Klasse 2a gibt es 9 Mädchen
und in Klasse 2b gibt es 12 Mädchen. Wie
viele Mädchen spielen gegen die Jungs?

Rechnung: _____

_____

_____

**1** Es ist Ostern. Julia und ihr Bruder Max suchen im Garten bunte Eier. Julia findet 6 rote und 8 blaue Eier. Max findet 5 grüne und 3 rote Eier. Wie viele Eier haben sie zusammen?

Rechnung: _____

_____

_____

_____

**2** Julia und Max legen zusammen 16 Eier in einen Korb. Sie veranstalten mit ihrem Freund Lukas einen Eierwettlauf. Lukas gewinnt 8 Eier. Wie viele Eier sind noch übrig?

Rechnung: _____

_____

_____

_____

# Addieren mit Rätsellösung

Übung 17: Die kleine Schnecke ist hungrig. Finde heraus, was sie am liebsten isst, indem du die Aufgaben rechnest. Jede Zahl steht für einen Buchstaben. Trage diesen ein und du erhältst das Lösungswort.

O 69

L 23

P 13

2 6 + 8 = _34_  K

6 1 + 8 = ____

S 71

7 + 6 = ____

3 5 + 7 = ____

F 42

6 6 + 5 = ____

A 38

3 2 + 6 = ____

1 5 + 8 = ____

2 9 + 9 = ____

T 51

4 8 + 3 = ____

K 34

# Subtrahieren mit Rätsellösung

 **Übung 18:** Lotta hat für Tim einen leckeren Geburtstagskuchen gebacken. Er kann es kaum erwarten, ihn anzuschneiden. Wenn du wissen willst, was für ein Kuchen es ist, musst du für Lotta und Tim die Aufgaben lösen. Beide Lösungen zusammen ergeben den Namen des Kuchens.

Lottas Aufgaben:

5 5 - 8 = _____ $\boxed{U}$

6 6 - 7 = _____ $\boxed{E}$

2 6 - 9 = _____ $\boxed{H}$

7 6 - 8 = _____ $\boxed{P}$

9 9 - 6 = _____ $\boxed{A}$

Tims Aufgaben:

3 6 - 7 = _____ $\boxed{F}$

4 3 - 5 = _____ $\boxed{K}$

1 8 - 9 = _____ $\boxed{L}$

8 1 - 6 = _____ $\boxed{C}$

1 9 - 8 = _____ $\boxed{N}$

| | | | | | | | | | | |
|---|---|---|---|---|---|---|---|---|---|---|

93  68  29  59  9  38  47  75  17  59  11

## Addieren zweistelliger Zahlen

Wenn du zweistellige Zahlen miteinander addieren möchtest, gehst du ähnlich vor wie beim Addieren mit Zehnerüberschreitung. Allerdings rechnest du jetzt im 1. Schritt die Zehner und im 2. Schritt die Einer dazu.

<mark>Ein Beispiel:</mark> Um die Aufgabe 54 + 25 zu lösen, rechnest du im 1. Schritt 54 + 20 = 74 und im 2. Schritt 74 + 5 = 79.

 Übung 19: Löse die folgenden Aufgaben in 2 Schritten.

**1** 4 3 + 2 5 = _____

_____

_____

**2** 2 2 + 1 6 = _____

_____

_____

**3** 6 4 + 3 2 = _____

_____

_____

**4** 5 1 + 4 2 = _____

_____

_____

Tipp: Du kannst die Aufgaben auch am Rechenstrich lösen, wie auf Seite 15. Dann machst du auch hier den 1. Schritt mit den Zehnern und den 2. mit den Einern.

# Subtrahieren zweistelliger Zahlen

Wenn du zweistellige Zahlen voneinander sub-
trahieren möchtest, gehst du ähnlich vor wie beim
Addieren.
Ein Beispiel: Um die Aufgabe 47 - 16 zu lösen,
rechnest du im 1. Schritt 47 - 10 = 37 und
im 2. Schritt 37 - 6 = 31. Du ziehst also im
1. Schritt die Zehner ab (- 10) und die Einer
(- 6) im 2. Schritt.

 Übung 20: Löse die folgenden Aufgaben in
2 Schritten.

**1** 2 8 - 1 6 = _____
_____
_____

**2** 5 8 - 3 7 = _____
_____
_____

**3** 4 5 - 2 4 = _____
_____
_____

**4** 8 7 - 6 3 = _____
_____
_____

# Rechenmauern

Übung 21: Rechne bei den Rechenmauern jeweils die beiden nebeneinander stehenden Zahlen zusammen. Schreibe das Ergebnis in das Kästchen darüber.

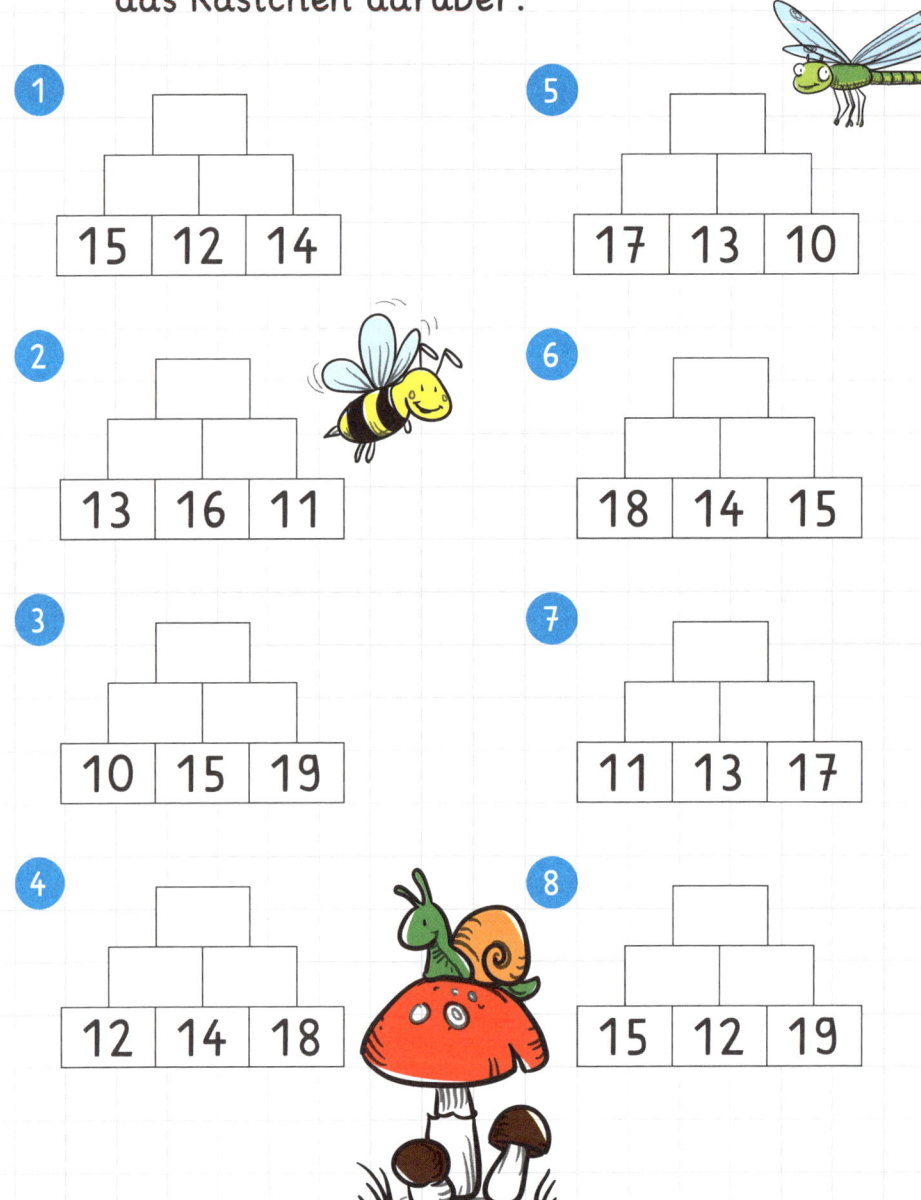

**1**

| 15 | 12 | 14 |

**5**

| 17 | 13 | 10 |

**2**

| 13 | 16 | 11 |

**6**

| 18 | 14 | 15 |

**3**

| 10 | 15 | 19 |

**7**

| 11 | 13 | 17 |

**4**

| 12 | 14 | 18 |

**8**

| 15 | 12 | 19 |

# Rechenschlangen

 Übung 22: Rechne die Aufgaben der Reihe nach aus.

**①**

| | + | 22 |
|---|---|---|
| = | 5 | |
| - | | |
| 3 | = | |

| | + | 18 |
|---|---|---|
| | = | |
| 12 | + | |
| = | | |
| | - | 13 |
| | = | |
| | | |

**②**

| 48 | + | 12 | = |
|---|---|---|---|
| | = | 17 | - |
| 15 | + | | |
| = | | | |
| | - | 8 | = |

| | = | 17 | + |
|---|---|---|---|
| | - | 4 | |
| | = | | |
| | | | |

# Allerlei Übungen

 Übung 23: Löse die Aufgaben und schreibe die richtige Zahl dahinter.

 Addiere:

① 3 1 + 5 5 =_____    ⑥ 4 8 + 2 3 =_____

② 1 2 + 4 3 =_____    ⑦ 6 9 + 1 1 =_____

③ 5 4 + 3 8 =_____    ⑧ 2 4 + 5 6 =_____

④ 7 2 + 2 5 =_____    ⑨ 3 7 + 4 8 =_____

⑤ 8 1 + 1 2 =_____    ⑩ 1 9 + 8 1 =_____

Subtrahiere:

① 9 8 - 3 8 =_____    ⑤ 8 4 - 3 5 =_____

② 5 2 - 2 7 =_____    ⑥ 6 3 - 2 7 =_____

③ 3 6 - 1 6 =_____    ⑦ 7 1 - 2 4 =_____

④ 4 1 - 2 8 =_____    ⑧ 9 4 - 5 3 =_____

Übung 24: Löse die Aufgaben und schreibe die richtige Zahl dahinter.

**Addiere und subtrahiere:**

1. $33 + 58 =$ _____   6. $91 - 22 =$ _____

2. $72 - 47 =$ _____   7. $23 + 71 =$ _____

3. $61 + 16 =$ _____   8. $64 - 35 =$ _____

4. $84 - 34 =$ _____   9. $32 + 51 =$ _____

5. $42 + 27 =$ _____   10. $71 - 43 =$ _____

**Ergänze die fehlende Zahl:**

1. _____ $+ 22 = 64$   6. _____ $- 22 = 64$

2. _____ $- 10 = 84$   7. _____ $+ 43 = 88$

3. _____ $+ 33 = 84$   8. _____ $- 45 = 26$

4. _____ $- 13 = 54$   9. _____ $+ 14 = 52$

5. _____ $+ 25 = 95$   10. _____ $- 11 = 64$

# Lösungen

## Seite 4, Übung 1:

**1** 80 **3** 80 **5** 70 **7** 100 **9** 100

**2** 20 **4** 10 **6** 20 **8** 20

## Seite 5, Übung 2:

**1**

| Z | E |
|---|---|
| 3 | 4 |

34
30 + 4 = 34

**2**

| Z | E |
|---|---|
| 2 | 7 |

27
20 + 7 = 27

## Seite 7, Übung 3:

**1** 22 **6** 94

**2** 97 **7** 11

**3** 25 **8** 36

**4** 18 **9** 85

**5** 33 **10** 24

## Seite 8, Übung 4:

Gleiche deine Ergänzungen mit der
Hunderter-Tafel auf Seite 6 ab.

## Seite 9, Übung 5:

**1** | 29 | 30 | 31 |    **5** | 17 | 18 | 19 |    **9** | 62 | 63 | 64 |

**2** | 53 | 54 | 55 |    **6** | 81 | 82 | 83 |    **10** | 73 | 74 | 75 |

**3** | 45 | 46 | 47 |    **7** | 34 | 35 | 36 |

**4** | 90 | 91 | 92 |    **8** | 26 | 27 | 28 |

## Seite 10, Übung 6:

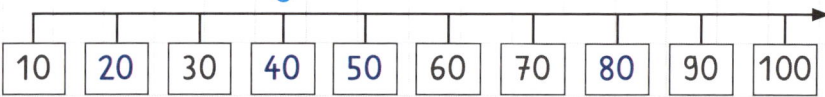

| 10 | 20 | 30 | 40 | 50 | 60 | 70 | 80 | 90 | 100 |

## Seite 10, Übung 7:

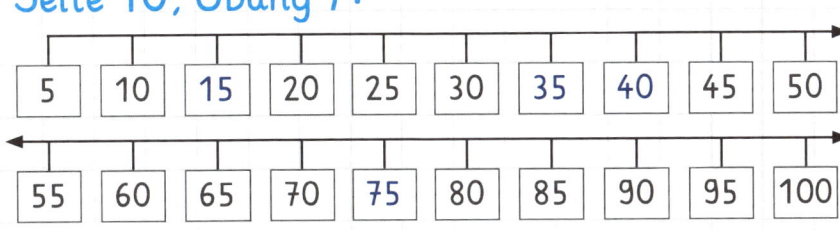

| 5 | 10 | 15 | 20 | 25 | 30 | 35 | 40 | 45 | 50 |

| 55 | 60 | 65 | 70 | 75 | 80 | 85 | 90 | 95 | 100 |

## Seite 11, Übung 8:

= 9        = 26        = 38

= 50        = 66        = 87

## Seite 12, Übung 9:

1  53    3  25    5  20    7  19    9  47    11  81    13  80
2  79    4  37    6  20    8  30    10  36    12  44    14  20

## Seite 13, Übung 10:

1  13    3  80    5  20    7  44    9  22    11  84    13  95
2  30    4  75    6  30    8  71    10  42    12  40    14  51

## Seite 14, Übung 11:

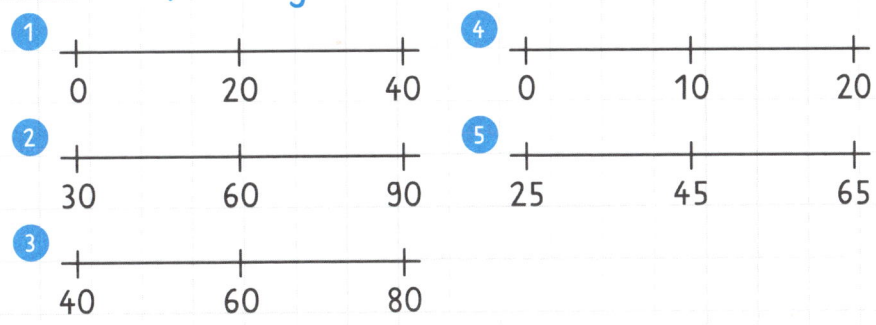

1
0        20        40

4
0        10        20

2
30        60        90

5
25        45        65

3
40        60        80

29

## Seite 15, Übung 12:

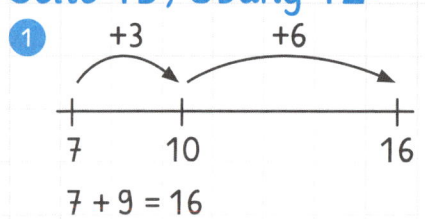

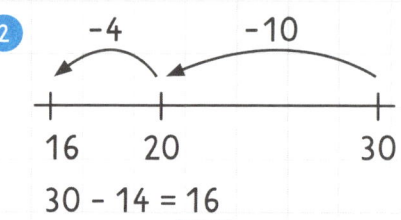

7 + 9 = <u>16</u>

30 – 14 = <u>16</u>

## Seite 16, Übung 13:

**1** 43 + 9 = <u>52</u>
43 + 7 = 50
50 + 2 = 52

**3** 54 + 8 = <u>62</u>
54 + 6 = 60
60 + 2 = 62

**5** 33 + 8 = <u>41</u>
33 + 7 = 40
40 + 1 = 41

**2** 26 + 6 = <u>32</u>
26 + 4 = 30
30 + 2 = 32

**4** 85 + 7 = <u>92</u>
85 + 5 = 90
90 + 2 = 92

**6** 72 + 9 = <u>81</u>
72 + 8 = 80
80 + 1 = 81

## Seite 17, Übung 14:

**1** 63 – 9 = <u>54</u>
63 – 3 = 60
60 – 6 = 54

**3** 35 – 7 = <u>28</u>
35 – 5 = 30
30 – 2 = 28

**5** 56 – 8 = <u>48</u>
56 – 6 = 50
50 – 2 = 48

**2** 24 – 6 = <u>18</u>
24 – 4 = 20
20 – 2 = 18

**4** 73 – 5 = <u>68</u>
73 – 3 = 70
70 – 2 = 68

**6** 48 – 9 = <u>39</u>
48 – 8 = 40
40 – 1 = 39

## Seite 18, Übung 15:

**1** 42 – 6 = <u>36</u>
42 – 2 = 40
40 – 4 = 36

**2** 12 + 9 = <u>21</u>
12 + 8 = 20
20 + 1 = 21

## Seite 19, Übung 16:

**1** 6 + 8 = <u>14</u>
5 + 3 = <u>8</u>
14 + 8 = <u>22</u>
14 + 6 = <u>20</u>
20 + 2 = <u>22</u>

**2** 16 – 8 = <u>8</u>
16 – 6 = 10
10 – 2 = 8

## Seite 20, Übung 17:

Lösungswort = Kopfsalat

## Seite 21, Übung 18:

Lösungswort = Apfelkuchen

## Seite 22, Übung 19:

**1**  $43 + 25 = \underline{68}$
$43 + 20 = 63$
$63 + 5 = 68$

**2**  $22 + 16 = \underline{38}$
$22 + 10 = 32$
$32 + 6 = 38$

**3**  $64 + 32 = \underline{96}$
$64 + 30 = 94$
$94 + 2 = 96$

**4**  $51 + 42 = \underline{93}$
$51 + 40 = 91$
$91 + 2 = 93$

## Seite 23, Übung 20:

**1**  $28 - 16 = \underline{12}$
$28 - 10 = 18$
$18 - 6 = 12$

**2**  $58 - 37 = \underline{21}$
$58 - 30 = 28$
$28 - 7 = 21$

**3**  $45 - 24 = \underline{21}$
$45 - 20 = 25$
$25 - 4 = 21$

**4**  $87 - 63 = \underline{24}$
$87 - 60 = 27$
$27 - 3 = 24$

## Seite 24, Übung 21:

**1**

| 53 | |
|---|---|
| 27 | 26 |

| 15 | 12 | 14 |
|---|---|---|

**4**

| 58 | |
|---|---|
| 26 | 32 |

| 12 | 14 | 18 |
|---|---|---|

**7**

| 54 | |
|---|---|
| 24 | 30 |

| 11 | 13 | 17 |
|---|---|---|

**2**

| 56 | |
|---|---|
| 29 | 27 |

| 13 | 16 | 11 |
|---|---|---|

**5**

| 53 | |
|---|---|
| 30 | 23 |

| 17 | 13 | 10 |
|---|---|---|

**8**

| 58 | |
|---|---|
| 27 | 31 |

| 15 | 12 | 19 |
|---|---|---|

**3**

| 59 | |
|---|---|
| 25 | 34 |

| 10 | 15 | 19 |
|---|---|---|

**6**

| 61 | |
|---|---|
| 32 | 29 |

| 18 | 14 | 15 |
|---|---|---|

## Seite 25, Übung 22:

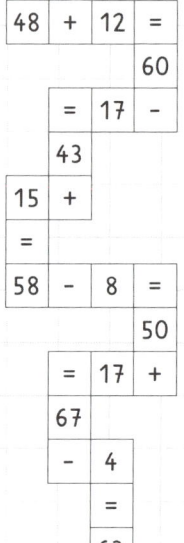

| | + | 22 | | 48 | + | 12 | = |
|---|---|---|---|---|---|---|---|
| 27 | = | 5 | | | | | 60 |
| – | | | | | = | 17 | – |
| 3 | = | | | 43 | | | |
| | 24 | + | 18 | 15 | + | | |
| | | = | | = | | | |
| | 12 | + | 42 | 58 | – | 8 | = |
| | = | | | | | | 50 |
| | 54 | – | 13 | = | 17 | + | |
| | | = | | 67 | | | |
| | | 41 | | – | 4 | | |
| | | | | = | | | |
| | | | | 63 | | | |

## Seite 26, Übung 23:

| ✚ | | | | | | | | | | |
|---|---|---|---|---|---|---|---|---|---|---|
| ① 86 | ③ 92 | ⑤ 93 | ⑦ 80 | ⑨ 85 |
| ② 55 | ④ 97 | ⑥ 71 | ⑧ 80 | ⑩ 100 |

| ➖ | | | | |
|---|---|---|---|---|
| ① 60 | ③ 20 | ⑤ 49 | ⑦ 47 |
| ② 25 | ④ 13 | ⑥ 36 | ⑧ 41 |

## Seite 26, Übung 24:

| ✚ | | | | |
|---|---|---|---|---|
| ① 91 | ③ 77 | ⑤ 69 | ⑦ 94 | ⑨ 83 |
| ② 25 | ④ 50 | ⑥ 69 | ⑧ 29 | ⑩ 28 |

| ? | | | | |
|---|---|---|---|---|
| ① 42 | ③ 51 | ⑤ 70 | ⑦ 45 | ⑨ 38 |
| ② 94 | ④ 67 | ⑥ 86 | ⑧ 71 | ⑩ 75 |